PANÉGYRIQUE

DE

SAINTE THÉRÈSE

RÉFORMATRICE DU CARMEL

Prononcé dans la chapelle des Carmélites d'Albi

le 15 octobre 1894

PAR L'ABBÉ J. BOUISSIÈRE

VICAIRE DE SAINT-SALVI

ALBI

IMPRIMERIE HENRI AMALRIC

1894

PANÉGYRIQUE

DE

SAINTE THÉRÈSE

RÉFORMATRICE DU CARMEL

Imprimatur :

‡ JEAN-EMILE, Arch. d'Albi.

PANÉGYRIQUE

DE

SAINTE THÉRÈSE

RÉFORMATRICE DU CARMEL

Prononcé dans la chapelle des Carmélites d'Albi

le 15 octobre 1894

PAR L'ABBÉ J. BOUISSIÈRE

VICAIRE DE SAINT-SALVI

ALBI

IMPRIMERIE HENRI AMALRIC

1894

Dilexit Ecclesiam et seipsum tradidit pro ea.
« Thérèse aima l'Eglise et se sacrifia pour elle. »
(Eph., v, 25.)

MONSEIGNEUR (1),

Le seizième siècle venait de s'ouvrir au milieu des bruits prolongés de réforme. Et déjà, au fond de l'Allemagne, un moine apostat, foulant aux pieds ses engagements les plus sacrés, sortait bruyamment du cloître et arborait devant le monde l'étendard de la révolte.

Un soir, assis à l'âtre d'un foyer vulgaire, et contemplant tristement son œuvre, il pouvait dire à sa malheureuse compagne ces mélancoliques paroles : « Non, le ciel n'est pas pour nous !... »

Cependant, en présence des ravages amoncelés et des ruines qu'il avait faites, ceux qui n'avaient pas foi en ses immuables destinées annonçaient la mort prochaine de l'Eglise du Christ et lui préparaient un tombeau.

Mais Celui qui lui a donné des promesses d'immorta-

____

(1) S. C. Mgr Fonteneau, archevêque d'Albi.

lité, du haut des cieux veillait sur elle et lui préparait, dans la solitude d'un autre monastère, au cœur de la catholique Espagne, le bras d'une Judith qui devait terrasser le nouvel Holopherne.

La solitude est la patrie des forts, a dit l'illustre Père de Ravignan. C'est là que Dieu attire les âmes qu'il appelle aux grandes missions comme aux grands devoirs. Aussi, dans l'Eglise, cette épouse du Christ qu'il veut « sans tache et sans rides (1) », les ordres religieux ont-ils été de tout temps comme l'âme, le ressort et le mobile de tous les grands mouvements qui se sont opérés dans la succession des âges. Quand il faut à Dieu des ouvriers puissants pour accomplir une œuvre féconde, c'est là qu'il va les trouver. Et, comme il se joue de l'audace de l'enfer et de la témérité puérile des hommes, comme il se plaît à confondre le pompeux étalage de la force par la timidité de la faiblesse, il devait opposer à l'orgueil d'un homme l'humilité d'une femme, à la révolte de Luther la confiante obéissance de Thérèse de Jésus, de celle qui disait ingénûment dans son naïf langage : « Thérèse, ce n'est rien : Thérèse et quatre ducats (2), c'est quelque chose : Thérèse, quatre ducats et Dieu, c'est tout. »

Je viens de nommer cette femme incomparable, qui a rempli de son nom les fastes de la religion et les annales des peuples, l'Eglise de saints, le Ciel de gloire. Et c'est d'elle que je viens timidement essayer la louange après tant d'autres qui l'ont célébrée partout en des termes que l'éloquence humaine peut prétendre égaler encore peut-être, mais qu'elle ne dépassera jamais.

Un siècle plus tôt, au milieu des calamités qui pe-

---

(1) *Non habentem maculam aut rugam.* (Eph., v, 27.)
(2) Pièce de monnaie espagnole.

saient sur la Fille aînée de l'Eglise, Dieu avait suscité la vierge de Domremy pour être le soldat et le libérateur de la France. Cent ans plus tard, Dieu suscitait Thérèse pour être le soldat et le libérateur de l'Eglise, au sein des calamités qui mettaient en péril son existence même. Voilà sous quel aspect je vais vous présenter cette grande figure, afin de l'étudier ensemble.

Vous comprendrez sans peine, mes Sœurs, qu'en présence d'un sujet aussi vaste que la vie de votre illustre Mère, pour ne point dépasser les limites d'un discours, j'ai dû le circonscrire. D'autres vous ont parlé, ici même, de la vie intérieure de votre sainte réformatrice, des ascensions continues de son âme, de ses visions sublimes, de ses tête-à-tête avec Dieu, de ses extases. C'est le foyer divin où plongeait ce regard d'aigle, l'océan sans rivages où se baignait ce grand cœur. Pour moi, je ne veux examiner, de cette vie, que l'expansion et le rayonnement, et j'espère qu'à la mesure des effets vous pourrez juger de la grandeur de la cause.

Aujourd'hui, tout le monde sait, ou à peu près, l'amour de Jésus pour Thérèse et de Thérèse pour Jésus. Ce que l'on sait moins peut-être, — et ce qu'il n'est pas hors de propos de rappeler à notre siècle laïque, — c'est l'amour de Thérèse pour l'Eglise, cet amour qui en fit la réformatrice de son Ordre, en la faisant se sacrifier pour elle.

Nous étudierons donc cet amour dans la double forme qu'il a revêtue : l'apostolat et le martyre. Puissé-je ne pas tromper votre attente, mes Sœurs, et édifier aussi cette religieuse assemblée qui m'écoute ! Pour mériter l'honneur qui m'est fait et parler dignement d'une telle héroïne, il faudrait le cœur même de Thérèse, les lèvres d'un ange ou la lyre harmonieuse d'un séraphin.

I

La Révolution accomplie par Luther était la destruction de toute autorité doctrinale par l'émancipation de la raison individuelle, émancipation qui ébranlait l'Eglise dans ses principes constitutifs et dans son fondement essentiel.

Car il est à remarquer, mes Frères, que Dieu n'a point fait l'Eglise comme il a fait le monde. Pour créer le monde, il n'a voulu se servir du secours d'aucun bras étranger. Il l'a tiré d'un mot de sa puissance, d'un acte de sa volonté, puis il l'a abandonné aux libres disputes des hommes (1).

Pour l'Eglise, au contraire, née de son sang sur la croix, il l'a assise sur une base immobile et indéfectible en établissant une autorité souveraine pour la régir et courber toutes les intelligences sous le sceptre de la foi (2).

Afin de la soutenir, de la propager et de la défendre, le divin fondateur s'associe des hommes, douze pauvres bateliers, qu'il fait marcher devant lui, et qu'il envoie dans toutes les villes par où lui-même doit passer (3). Ce seront ses apôtres : tel est le nom qu'il leur donne (4).

(1) *Tradidit mundum disputationi eorum.* (Eccl., iii, 15.)
(2) *In captivitatem redigentes omnem intellectum.* (II Cor., x, 5).
(3) *Misit illos binos ante faciem suam, in omnem civitatem et locum quo erat ipse venturus.* (Luc., x, 1.)
(4) *Quos et apostolos nominavit.* (Luc., vi, 13.)

Ils iront porter ses messages par toute la terre, et tous les échos retentiront de leur voix (1).

A leur suite, l'Eglise verra se lever et passer à travers les siècles toute une légion d'hommes qui seront chargés de continuer l'œuvre du Maître, et prendront à tâche de défendre ses intérêts et de reculer les frontières de son royaume.

La femme elle-même, réhabilitée par l'Evangile, ne sera pas toujours exclue de cette sublime fonction. Elle sera parfois l'ouvrière de Dieu, et vous la reconnaîtrez à un triple caractère dont Dieu marque, comme d'un sceau infaillible, les ouvriers de son apostolat. Car il faut des signes au front des envoyés de Dieu : ce seront la mission, le prosélytisme, la doctrine. L'apôtre est un envoyé, capable de se dévouer à la gloire de son maître et au service de ses frères, avec un enseignement ou un code de lois.

Or, tels sont les rayons qui éclatent au front de la vierge d'Avila.

C'est dans cette petite ville de la vieille Castille que la Providence plaça son berceau. L'Espagne, avec son ciel d'azur, semble avoir été prédestinée pour donner le jour aux grands fondateurs qui ont honoré l'Eglise dans les splendeurs du moyen âge : Dominique de Guzman, Ignace de Loyola, Thérèse de Jésus. Notre sainte enfant eut pour père un gentilhomme, don Alphonse de Cépéda, et pour mère une sainte femme, dona Béatrix de Ahumada, qu'elle devait perdre à l'aurore de l'adolescence, à cet âge où le cœur de la jeune

____

(1) *In omnem terram exivit sonus eorum et in fines orbis terræ verba eorum.* (Ps. XVIII, 5.)

fille s'ouvre à des aspirations inconnues, et où la tutélaire protection d'une mère lui est si utile pour la garder des écueils qui naissent sous ses pas.

Douée de tous les avantages naturels que la Providence semble avoir réservés pour partage aux Castillanes et aux Andalouses, Thérèse cependant, dès le matin de sa vie, ouvre son âme aux larges effusions de la grâce. Elle prélude à sa vocation en s'essayant à la vie érémitique, et en se faisant de son jardin une sorte de Thébaïde.

Un instant, privée de la vigilance maternelle, elle s'abandonnera aux lectures frivoles et aux compagnies mondaines, ce double fléau qui, de nos jours encore, fait faire tant de naufrages à des vertus moins inébranlables que la sienne. Dieu ne le permettra que pour lui faire pleurer toute sa vie ce qu'elle appellera « ses grandes vanités », et lui faire asseoir sa perfection sur le fondement de la pénitence et du repentir. Mais jamais, — j'ai hâte de le dire, — le soleil de la grâce ne subira d'éclipse au ciel de cette âme, pas même sous le souffle des plus violentes tempêtes...

C'est aux Augustines de Notre-Dame de Grâce que fut confié le soin de son éducation. Dieu l'y attendait pour lui faire entendre cet appel d'en haut qui va droit au cœur *sans bruit de paroles* (1), donne le branle à une passion généreuse, et fixe la détermination de toute une vie. « Ecoute, ma fille, incline ton oreille : le roi du ciel a convoité ta beauté (2). »

Heure bénie des chastes fiançailles d'une âme avec

(1) *Sine strepitu verborum*. (Imit.)
(2) *Audi, filia, et vide et inclina aurem tuam : quia concupivit rex speciem tuam.* (Ps. xliv, 11.)

son bien-aimé, qui vous connut et pourra vous oublier jamais ! Heure des larmes, des violences, des terribles assauts, sans doute, mais heure de tressaillements divins qui n'ont rien de comparable dans la vie !...

Thérèse, il faut briser les répugnances d'une nature rebelle à se plier sous le joug de l'obéissance, il faut rompre les liens si étroits et si doux qui attachent le cœur d'une enfant aux charmes du foyer paternel, il faut affronter les austérités de la vie claustrale, abdiquer la liberté, ce premier bien de l'âme humaine... Un combat terrible s'engage dans son âme angoissée, et la pauvre enfant supplie le Seigneur « de lui faire connaître l'état où elle pourra le mieux le servir et lui plaire davantage (1) ».

Du fond de sa grotte obscure, saint Jérôme, l'austère anachorète, lui répond : « Que fais-tu dans le monde, toi qui es plus grande que le monde ? »

Thérèse a pris une résolution sublime. Elle passera par-dessus la volonté de son père, pour suivre la voie où Dieu l'appelle et prendre hardiment la croix de celui qui a dit : « Celui qui aime son père ou sa mère plus que moi n'est pas digne de moi (2). »

Où sont ceux qui viennent nous dire qu'il faut à tout jamais faire disparaitre les monastères, parce qu'ils ne sont le refuge que de cerveaux malades ou d'imaginations en délire ?... Les vocations ne sont plus de notre temps : les cloîtres ne répondent plus à un besoin. — Assistez, mes Frères, à ce duel d'une âme que Dieu appelle et que le monde essaie en vain de retenir, et

(1) Cf. Sa *Vie*, écrite par elle-même.
(2) *Qui amat patrem aut matrem plus quam me, non est me dignus.* (Math., x, 37.)

vous me direz si ce sacrifice n'est pas discuté dans toute la sérénité d'une conscience qui se possède, consenti dans toute la plénitude et l'indépendance de la volonté? — Les vocations ne sont plus de notre temps, me dites-vous? — Est-ce qu'il n'y a pas toujours, de par le monde, des âmes qui ont faim et soif de justice (1)? des âmes atteintes de ce mal qu'on a appelé le tourment de l'infini et la nostalgie divine?... Ah! ne refusez pas à ces âmes généreuses l'accès de ce port tranquille! Après le choc terrible de l'épreuve et le brisement douloureux de la séparation, là, sous ces grilles austères, Dieu leur prépare les seules joies durables ici-bas, et des ivresses si pures qu'elles sont un avant-goût des ivresses du paradis.

Thérèse avait donc répondu à l'appel de Dieu, et, après la lutte, elle allait trouver le repos. Mais le repos n'était point fait pour cette grande âme de guerrière. Aller à Dieu ne lui suffisait pas, elle devait lui conduire les autres et lui gagner des âmes. Déjà, cette sublime passion s'allumait dans son cœur, et elle n'en devait pas connaître d'autre depuis cette heure jusqu'au tombeau.

A peine a-t-elle franchi le seuil du monastère de l'Incarnation d'Avila, qu'une vision de l'enfer et une vision du ciel passent devant ses yeux. Dans une sombre prison de feu, Dieu lui montre la place qu'elle eût méritée si elle avait progressé dans ses infidélités. Elle voit des légions de malheureux qui se précipitent à tout instant dans les ténébreux abîmes de l'éternité. Mais Dieu lui montre en même temps les horizons radieux du ciel, qui la remplissent d'une douceur infinie. « Eh quoi! se dit-elle, je vivrais paisible pendant que tant d'âmes se

____

(1) *Qui esuriunt et sitiunt justitiam.* (Math., v. 6.)

perdent ! Non ! Il faut à l'Eglise de Dieu une armée d'élite, une armée prête à mourir, oui ; à se laisser vaincre, jamais ! »

Désormais, Dieu et les âmes, le ciel ou l'enfer, tels seront les soupirs de Thérèse, qui se sent dévorée d'un désir immense d'arracher à la haine, à l'enfer, de donner à l'amour, au ciel les pauvres pécheurs. Thérèse était apôtre. Maintenant qu'elle connaît sa mission, comment va-t-elle la remplir ?

Un préjugé, assez répandu dans le monde par le rationalisme contemporain, consiste à dire que la religion étouffe le cœur au lieu de le dilater, et comprime ses élans. A l'entendre, le cloître serait un tombeau où viendraient pour jamais se briser les plus saintes affections que la nature consacre et que le ciel même bénit. — Etrange erreur, mes Frères. Il ne faut pas avoir franchi une seule fois le seuil d'un de ces monastères, pour n'avoir pas senti l'atmosphère embaumée qui y règne, pleine des parfums de la plus douce affection ; pour n'avoir pas été saisi par ce rayonnement de joie supérieure qui inonde les âmes de charité, comme des coupes qui s'emplissent aux sources infinies. Non, ici le cœur ni ne se dessèche, ni ne se flétrit : ici surtout, le cœur ne meurt pas. Il s'élargit, au contraire, en s'élevant à la hauteur de son divin foyer, pour s'épandre ensuite sur toutes les misères d'ici-bas.

Comme le Maître qui l'a envoyé, l'apôtre porte le feu sur la terre, et toute son ambition, c'est de l'en voir embrasée (1). Ce feu du prosélytisme qui l'enflamme se traduit par le zèle envers Dieu et par le dévouement

____

(1) *Ignem veni mittere in terram et quid volo nisi ut accendatur ?* (Luc., XII, 49.)

envers les âmes, toutes choses que nous allons admirer dans sainte Thérèse comme marques de son apostolat.

Le cri de révolte parti de l'Allemagne avait bientôt retenti d'un bout à l'autre de la France. Du fond de sa solitude, Thérèse entendait les bruits de guerre qui déchiraient l'Eglise au sein de notre patrie. Partout, l'hérésie promenait son drapeau insolent, et, bien qu'il se fût arrêté comme devant un rempart inexpugnable, au pied des Pyrénées, Thérèse avait ressenti de ces insultes, au fond de son âme, un douloureux contre-coup.

« Tout en larmes, dit-elle, je poussais des cris vers le Seigneur, le priant de porter remède à tant de maux. J'étais prête à donner ma vie mille fois pour le salut d'une de ces âmes qui se perdaient en foule. Mais, comme je n'étais qu'une faible femme, et complètement incapable d'accomplir ce que j'aurais désiré faire pour la gloire de Dieu, tous mes désirs eurent pour but, — puisque le Seigneur avait tant d'ennemis et si peu d'amis, — que ces derniers au moins fussent bons. Je pris donc l'inébranlable résolution de réaliser le peu qui était en mon pouvoir, en pratiquant avec la plus grande perfection les conseils évangéliques, et en veillant à ce que le petit nombre de religieuses qui sont ici fissent de même. »

Ce jour-là, mes Frères, la réforme du Carmel était accomplie dans le cœur de Thérèse, et bientôt son œuvre, malgré des difficultés colossales dont nous aurons à parler, était couronnée de succès. Tant est vraie cette parole de nos saintes Lettres : « Toutes les eaux des tribulations ne sauraient éteindre l'ardeur de l'apôtre, ni les fleuves l'endiguer (1)! »

(1) *Aquæ multæ non potuerunt exstinguere caritatem, nec flumina obruent illam.* (Cant., viii, 7.)

La gloire de Dieu et l'extension de son règne par la sanctification des âmes, tel était bien l'apostolat de Thérèse de Jésus, en harmonie avec son cœur, et digne de voir déployer sa puissante énergie et sa remarquable activité. Notre-Seigneur daigna la soutenir et l'encourager en lui faisant les plus belles promesses. « Il m'assura, dit-elle, que cette petite maison deviendrait une étoile, et jetterait une vraie splendeur. » « Si les ordres religieux ont perdu leur ferveur primitive, ajouta Notre-Seigneur, ils me rendent encore cependant de grands services, et *que deviendrait le monde s'il n'y avait pas de religieux ?* »

Parole incomprise de nos jours, mes Frères, et qu'on eût pu livrer, il y a quinze ans, aux méditations de certains hommes d'Etat. Mais parole qui fit lever sous les pas de Thérèse, et à son souffle puissant, toute une moisson de grandes âmes, dignes de soutenir l'honneur de l'Eglise durant ces mauvais jours et de la venger des affronts de ses fils rebelles, par l'éclat de leurs héroïques vertus. Au soir de sa vie, Thérèse pourra compter trente-deux maisons de son Ordre où la réforme aura été introduite, et remise en honneur la discipline austère des anciens jours.

Pendant ce temps, les prétendus réformateurs d'Allemagne souillaient la terre de leurs scandales et l'épouvantaient du bruit de leurs blasphèmes. Luther, Calvin, Zwingle et les autres étalaient partout, devant le monde, le spectacle de leurs débauches et de leurs infamies.

Ici, mes Frères, une question d'elle-même se pose : où est la vraie réforme ? où vous apparaît-elle ? où la trouvez-vous ?

Est-elle dans ces novateurs hardis et sans scrupules

qui se livrent aux pires excès et sèment partout des ruines pour refaire à l'Eglise une prétendue virginité, et quelle virginité ! ou bien, ne la voyez-vous pas plutôt, avec moi, dans cette femme héroïque qui consacre toutes les forces de sa grande nature, toutes les ressources de son génie, à raviver dans ses monastères la ferveur de leur institution et de leur origine ?

O Thérèse, on dit que, devant Alexandre, la terre saisie d'admiration et d'épouvante se tut. Que devant vous, Luther se taise et admire aussi ! Qu'à la vue des merveilles accomplies par vos mains, l'hérésie protestante recule d'horreur au souvenir des crimes qui la déshonorent ! Que la gloire de votre nom grandisse toujours ! Et vous, par le prestige et l'éclat de votre incomparable prosélytisme, allez, commandez et régnez !

Le conquérant donne des lois aux peuples qu'il subjugue : l'apôtre doit apporter avec lui une législation, ou un code de doctrine.

A mesure qu'il avançait, Luther semait les dévastations, les ruines et la mort : il n'avait rien pu construire. Dans l'œuvre du Christ, cette arche sainte, sa main sacrilège avait tout profané, et aujourd'hui plus rien ne reste debout, ni dogme, ni morale, ni sacrements, ni discipline. C'en est fait, avec lui, des vœux monastiques, de la perfection religieuse et de l'évangile lui-même, livré à la fantaisie et aux caprices de l'interprétation privée, c'est-à-dire à tous les égoïsmes, à toutes les passions, à tous les intérêts et aux plus malsains appétits.

Voulant sauver le trésor de la foi menacée, Thérèse ne devait pas se contenter d'ouvrir des asiles pour la prière, le renoncement et le sacrifice, toutes choses nécessaires d'ailleurs à la conservation de l'Eglise, comme le sel qui empêche la terre de se corrompre et de s'affadir, comme la lumière qui brille au firmament des âmes, pour les soulever de leur pesanteur native et les attirer vers l'idéal qui est Dieu. Pour remédier au luxe, à la mollesse, aux abus de toute sorte apportés par la Renaissance, il fallait une législation nouvelle, fortement trempée à l'antique.

Longtemps l'Ordre du Carmel avait été une citadelle imprenable : mais il avait subi à son tour la néfaste influence du siècle, et il était déchu de sa splendeur primitive. Des traditions de son origine, du prophète Elie son fondateur, de saint Albert son grand législateur, de saint Berthold, du B. Jean Soreth et de tant d'autres, il n'avait gardé que le souvenir, un souvenir plein de gloire, qui va se perdre dans les ombres de la décadence. Le pape Eugène IV avait dû accorder une *mitigation*, où l'on ne retrouvait plus qu'une image pâlie de ce beau monument élevé par le grand prophète, il y avait vingt-cinq siècles, sur les hauteurs du Carmel.

Levez-vous, ô Thérèse, et venez apporter à l'Eglise cet or, purifié par le feu, de la vraie perfection et de la saine doctrine, dans la charte de vos *Constitutions*, dans les livres admirables du *Château de l'âme*, du *Chemin de la perfection*, et tant d'autres qui sortirent de votre plume ardente et de votre cœur embrasé !

S'il est vrai, comme l'a dit un saint évêque (1), que les paroles sont les fleurs de l'âme, que de fleurs les écrits de l'illustre vierge ont semées sous nos pas ! Les parfums en embaument l'Eglise, et si elle ne lui a pas décerné le titre qu'on lui prête parfois et dont elle

____
(1) Mgr Gay, évêque d'Anthédon.

réserve l'honneur à ses fils, elle l'a cependant placée, dans son estime, au rang des docteurs. Au premier Carmel, fondé par elle à Salamanque, on conserve un portrait où elle est représentée debout, tenant un livre d'une main, une plume de l'autre, et penchant la tête pour recueillir le souffle de la colombe inspiratrice. Le peintre l'a revêtue de la mosette blanche, qui est l'insigne du doctorat en théologie.

Rome elle-même semble avoir ratifié ce titre de grande théologienne, en lui élevant, à l'entrée de la basilique de Saint-Pierre, une immense statue, avec cette inscription : *Mater spiritualium*. C'est bien là, en effet, le mot qui la caractérise. Sainte Thérèse est une maîtresse dans l'art des choses spirituelles. Elle est la mère des âmes qui viennent s'abreuver à la source pure et féconde de sa céleste doctrine. Elle éclaire les intelligences et embrase les cœurs des saintes ardeurs de la charité (1).

Oh ! qu'une telle lumière serait nécessaire au milieu des ombres de notre siècle ! On demandait un jour à Ozanam ce que ferait aujourd'hui la femme qui aurait le génie de l'Espagnole, et quel emploi laisserait à ses sublimes puissances la société moderne. Savez-vous ce que ce grand chrétien et profond penseur répondit ? — « Fût-elle enfoncée dans une retraite encore plus profonde que ne l'était le monastère d'Avila, cette âme finirait par percer les murailles : on la respirerait sans savoir où elle vit. »

(1) *Cœlestis ejus doctrinæ pabulo nutriamur* (oraison de l'Eglise pour sa fête).

II

La couronne de l'apostolat, c'est le martyre.

Il est dans la destinée des œuvres de Dieu de subir la persécution, et tous ceux que Dieu choisit et appelle à l'honneur de partager son fardeau doivent s'attendre à tremper leurs lèvres au calice d'amertume. Lacordaire a écrit quelque part : « Tôt ou tard, la croix nous atteint, et la vertu, au lieu de l'éloigner de nous, est une invitation à Dieu de nous toucher de ce sceptre mystérieux qu'a porté son Fils (1). » Assurément, tous ne seront pas condamnés à porter leur tête sous le tranchant du glaive, mais, à l'exemple du grand Apôtre, tous devront accomplir dans leur chair ce qui manque à la passion de Jésus-Christ, pour l'honneur de son corps, qui est l'Eglise (2).

L'hérésie protestante, avec ses orgueilleuses prétentions de réforme, n'a pas fait un apôtre : elle n'a pas eu surtout la gloire de compter un martyr. Lisez son histoire : partout vous ne rencontrerez que des âmes basses, cupides, intéressées. Triste religion que celle dont le mercantilisme est le but et le mobile la vénalité!

Dès l'âge de sept ans, Thérèse voulait être martyre. Un matin, elle partait, avec son frère Rodrigue, pour le pays des Maures, afin de se faire trancher la tête. « Les

(1) Cf. *Lettres à des jeunes gens.*

(2) *Adimpleo ea quæ desunt passionum Christi in carne mea, pro corpore ejus quod est Ecclesia.* (Colos. I, 21.)

martyrs voient Dieu toujours, se disaient les courageux enfants l'un à l'autre : Thérèse, Rodrigue, il faut que nous soyons martyrs. » On sait le reste. Surpris par un oncle dans leur course fugitive et ramenés au foyer paternel, l'héroïque jeune fille fit cette réponse sublime aux reproches de son père : « J'étais partie parce que je veux voir le Seigneur, et que, pour voir le Seigneur, il faut bien d'abord mourir. »

C'était le sacrifice du matin, renouvelé d'Isaac sur la montagne de Moriah. Mais Dieu lui réservait une couronne plus longuement tressée et plus laborieusement conquise : il lui préparait le martyre autrement sanglant et douloureux de l'épreuve, de la souffrance et de la transverbération du cœur.

Avec la fondation de son premier monastère, Saint-Joseph d'Avila, s'ouvre l'ère de ses cruelles difficultés. Malgré un Bref de Rome consacrant cette création nouvelle, une violente tempête s'élève, soulevée par les clameurs des gens du peuple, des marchands, des bourgeois, de la cité tout entière. Que fera Thérèse ? Elle reçoit l'ordre de renoncer à son entreprise, et, le cœur brisé, elle se soumet avec la docilité d'une enfant. Elle sait que ce n'est pas le sort, en ce monde, de la justice et du droit de l'emporter toujours, et rien ne peut troubler la paix et la sérénité de son âme.

Mais Dieu, qui veut son œuvre, saura bien la faire triompher. Tandis que Thérèse se réjouit, comme les apôtres, d'avoir été jugée digne de souffrir l'affront pour le nom de Jésus (1), les préventions tombent peu

---

(1) *Ibant gaudentes apostoli, quoniam digni habiti sunt pro nomine Jesu contumeliam pati.* (Act. v, 41.)

à peu. La voilà qui reprend sa course, et elle va de ville en ville, comme un conquérant intrépide, à travers mille obstacles, promener partout le glaive de la réforme. Ce sera une sorte de marche triomphale à travers l'Espagne, de Médines, de Valladolid, de Salamanque, jusqu'à Sarragosse et Burgos, sa dernière étape, avant de se coucher dans les plis glorieux de son drapeau, et d'aller goûter le repos de l'éternité.

En vingt ans, dix-sept monastères de femmes auront été fondés, au prix de sacrifices dont seuls sont capables les héros.

Cependant, l'ambition de Thérèse n'était point satisfaite. Il lui fallait couronner son œuvre et apporter la réforme chez les Carmes aussi. C'est là que les plus terribles épreuves l'attendaient. Soutenue d'abord par le prieur des Carmes mitigés de Médines, Jean de Hérédia, elle rencontra encore deux auxiliaires puissants dans le Père Jérôme Gratien, et dans celui qui devait être plus tard saint Jean de la Croix.

Mais voici que la croix se dresse à nouveau devant elle avec toutes ses sanglantes horreurs. L'Eglise elle-même, l'Eglise pour qui elle combat et se dévoue, semble se lever contre elle. Un Chapitre général des Carmes mitigés tenu à Plaisance, en Italie, déclare Thérèse coupable de désobéissance. Elle est condamnée à se choisir une de ses maisons pour y fixer sa résidence perpétuelle, et à n'en plus sortir, ni pour créer de nouvelles fondations, ni pour visiter les anciennes.

Pensez-vous, mes Frères, que, devant cette injuste sentence, Thérèse va enfin élever la voix et faire entendre l'éloquente protestation d'une conscience forte de son droit ? Non. Elle sait que la vertu se perfectionne par l'épreuve (1), et elle surabonde de joie au sein des plus affreuses tribulations (2). « Puisque les créatures me payaient de la sorte, dit-elle, mon Créateur devait être bien content de moi. »

Tout lui manque à la fois. La mort lui a enlevé son dernier appui, le nonce à la cour de Madrid. Son successeur, fortement prévenu contre elle, prend la prétendue réformatrice pour « une extravagante », et les Carmes déchaussés pour « d'orgueilleux rebelles séduits par une visionnaire ». Le Père Jean de la Croix est pris, garrotté, battu de verges, et jeté dans un obscur cachot, où sa captivité se prolonge neuf mois. La Sainte souffre cruellement, mais elle ne se laisse point abattre (3). « A la vérité, écrit-elle, Dieu traite terriblement ses amis, mais il ne leur fait pas d'injustice puisqu'il a ainsi traité son Fils. » Et plus tout semblait désespéré du côté des hommes, plus Thérèse s'abimait dans la prière et regardait du côté du ciel, comme l'auguste victime de Gethsémani (4).

C'était l'heure du triomphe par Dieu même préparé. Si César, battu par la tempête, rassurait le pilote tremblant et demi-mort, en lui disant : « Que crains-tu ? Tu portes César et sa fortune, » Thérèse avait raison de craindre moins encore. Elle avait avec elle Celui qui commande aux vents et aux tempêtes, et dont la souveraine parole ramène la tranquillité au milieu des flots en courroux. Ce fut le roi d'Espagne, Philippe II, qui obtint du pape Grégoire XIII que la légitimité de la

---

(1) *Virtus in infirmitate perficitur*. (II Cor., xii, 9.)
(2) *Superabundo gaudio in omni tribulatione nostra*. (II Cor., vii, 4.)
(3) *Hæc patior, sed non confundor*. (II Tim., i, 12.)
(4) *Factus in agonia, prolixius orabat*. (Luc., xxii, 43.)

mission de Thérèse fût reconnue et consacrée par l'E-
glise et pour l'Eglise. Ainsi, du sein de la persécution
et de l'épreuve elle sortait grandie, « avec ce je ne sais
quoi d'achevé, dont parle Bossuet, et que le malheur
ajoute aux plus grandes vertus (1) ».

Le partage de l'amour ici-bas, et surtout des grands,
forts et généreux amours, tels que celui que Thérèse
avait voué à l'Eglise, c'est de ne pas vivre sans douleur (2). Il n'y a qu'au Ciel que la souffrance sera ban-
nie, parce que le Ciel est le prix de la souffrance et le
royaume de la béatitude. Ici-bas nous sommes condamnés à ne manger qu'un pain trempé de pleurs (3).
Et plus les fibres d'une âme sont délicates, plus elle
vibre sous les touches de la douleur, et plus elle porte
lourdement ce fardeau de l'amour dont parle saint Augustin : *Amor meus pondus meum.*

L'histoire des souffrances de sainte Thérèse com-
mence avant son entrée dans la vie religieuse, à la fleur
de ses dix-huit printemps, et elle ne se termine qu'avec
sa mort, qui viendra couronner son long martyre, à
soixante-sept ans. Après les épreuves du noviciat, la
maladie l'oblige à quitter le monastère et elle est rendue
à sa famille. Quatre jours elle demeure dans une agonie
qui la fait passer pour morte : on lui a creusé un tombeau. Mais cette mort précoce, dans la beauté de ses
vingt ans, eût été un trop grand deuil pour l'Eglise, au
service de laquelle Thérèse devait employer toutes les

(1) Cf. Bossuet, *Oraisons funèbres.*
(2) *Sine dolore non vivitur in amore.* Imit., l. III, ch. v, 7.
(3) *Cibabis nos pane lacrymarum.* (Ps. LXXIX, 6.)

ressources d'un grand cœur et les souffrances de toute une vie.

De plus, la souffrance a de ces joies austères qui altèrent toujours les âmes capables d'en comprendre la mystérieuse économie. Elle est la rançon du péché, le gage le plus certain de la prédestination future, le suprême témoignage d'une juste réciprocité d'amour envers Celui qui nous a aimés jusqu'à la folie de la croix, le baptême laborieux enfin dont le sceau doit marquer les héritiers de la gloire, car la gloire est une enfant de la douleur (1). Aussi, aux souffrances presque continuelles qui torturent son corps comme une victime vouée au sacrifice, Thérèse en ajoute-t-elle de volontaires en le châtiant et en le réduisant en servitude (2). Flagellations sanglantes, durs cilices, elle n'épargne rien de ce qui peut la rendre plus conforme au divin modèle qui a enfanté à l'Eglise, dans les noces sanglantes de la croix, un sacerdoce royal, une race choisie (3), des victimes parfaites.

Ce besoin de souffrance ne fera que s'accroître en elle avec les jours jusqu'à devenir un mal sans remède, une soif inextinguible. Enfin, elle ne pourra plus vivre sans souffrir, et après l'avoir longtemps entendue jeter aux échos de sa solitude ce cri de son âme ardente : « Ou souffrir ou mourir ! » le monde étonné admirera sur ses lèvres ce soupir d'angoisse qui traversera les siècles : « Je meurs de ne pouvoir mourir ! »

(1) *Si tamen compatimur ut et conglorificemur*. (Rom., viii, 17.)
(2) *Castigo corpus meum et in servitutem redigo*. (I Cor., ix, 27.)
(3) *Genus electum, regale sacerdotium*. (I Petr., ii, 9.)

Mais Dieu réservait à Thérèse, s'élevant sur les ailes de la souffrance et de l'épreuve, comme l'aigle dans les espaces infinis, pour se perdre dans le sein de Dieu, le trait de ressemblance le plus touchant avec la passion de son divin Fils.

Le grand évêque d'Hippone enseigne que l'Eglise, épouse du Christ, est née du mystérieux sommeil de son époux sur la croix, et de la blessure de son côté sacré transpercé par la lance du soldat (1). Il devait y avoir encore cette marque suprême de l'amour et ce dernier sceau du martyre dans la glorieuse crucifiée d'Avila.

Thérèse, ayant demandé à Dieu la souffrance ou la mort, c'est-à-dire le martyre dans sa plus haute expression, et voulant achever dans son corps ce mystérieux complément de la souffrance pour la beauté de l'Eglise, corps mystique de Jésus-Christ, vit un jour un ange descendre à côté d'elle, armé d'un dard à la pointe de feu. « Avec ce dard, nous raconte-t-elle, il paraissait quelquefois me blesser le cœur. Quand il le retirait, il me laissait tout embrasée d'un grand amour de Dieu. La souffrance était si violente qu'elle me faisait pousser des cris de douleur. Mais cette souffrance était accompagnée d'une telle suavité que je ne pouvais désirer qu'elle cessât. »

Cette blessure sacrée de l'amour, Thérèse la porta dans son cœur pendant vingt ans, et le prodige en persévère toujours. On conserve encore aujourd'hui au Carmel d'Albe de Tormès, dans un reliquaire de cristal, orné d'une couronne d'or émaillée de rubis, le cœur

______

(1) Cf. S. Augustin, *Tract.* 120.

de la grande Sainte, ce cœur qui battit de si nobles sentiments, avec la plaie dont le glaive de l'ange l'avait transpercé (1).

Cependant, le martyre de Thérèse touchait à sa fin. Du haut des cieux, le Bien-Aimé l'appelait aux joies de ses noces et aux délices sans fin du paradis, lui qui a dit : « Vous qui êtes écrasés par le poids de la fatigue et des travaux, venez et je vous soulagerai (2). » Un soir, — c'était le 4 octobre 1582, — il se pencha vers cette triste terre pour dire à la vierge exilée : « L'hiver de la douleur a passé, la pluie des tribulations ne tombe plus, les nuages de l'épreuve se dissipent, voici l'éternel printemps : viens et tu seras couronnée (3). »

L'infatigable ouvrière se coucha pour ne se pas relever, comme un travailleur qui a fini sa tâche et gagné le pain de l'éternelle vie. Elle rendit son dernier souffle en disant : « O mon Seigneur et mon époux bien-aimé ! il est bien temps d'aller nous voir, après vous avoir si longtemps attendu ! Seigneur, vous ne rejetterez pas un cœur contrit et humilié, car enfin je suis fille de l'Eglise et je meurs dan son sein ! »

Monseigneur,

Parmi les titres glorieux que la postérité reconnaissante a coutume de décerner à la mémoire de tous les grands évêques, l'histoire n'en trouvera pas de plus juste à vous appliquer que celui d'apôtre, pour mar-

---

(1) Cf. *Le Cœur de sainte Thérèse*, par A. Durand.

(2) *Venite ad me omnes qui laboratis et onerati estis et ego reficiam vos.* (Matth., xi. 28.)

(3) *Jam hiems transiit, imber abiit et recessit : surge amica mea et veni.* (Cant., ii, 11.)

quer votre laborieux et fécond épiscopat. Car, s'il a plu à Votre Grandeur de traduire son amour pour Dieu par cette belle devise qui est l'étymologie de votre nom même : *Sicut cervus ad fontes aquarum*, vos œuvres ne sont-elles pas là pour proclamer bien haut que vous aimez d'un égal amour la sainte Eglise, pour laquelle vous vous dépensez sans compte et sans mesure : *Dilexit Ecclesiam et seipsum tradidit pro ea?* Pour mon humble part, Monseigneur, je ne puis rien ajouter à votre louange, mais je dois cet hommage à la vérité, que vous n'êtes pas seulement un vaillant apôtre de l'Eglise : vous avez eu encore la gloire d'en être le martyr !

Or, mes Frères, d'après saint Augustin, les exemples des saints comme ceux de nos maîtres dans la foi, sont une provocation et un encouragement à les suivre (1). Le siècle qui s'écoule et menace de sombrer dans un violent cataclysme comme celui qui l'a précédé, aura été fécond en grandes découvertes, mais aussi en sanglants désastres. Pour quelques monuments qui ont surgi, combien qui gisent à terre, dans l'ordre moral surtout ! Oui, le vieux monde s'écroule, la société est à refaire. On demande, on cherche partout un réformateur de l'ordre social en ruines : il est à Rome, c'est Léon XIII. Cependant, je vois l'Eglise de Dieu, la sainte Eglise notre mère, tendre ses bras suppliants aux enfants ingrats, qui, après avoir été nourris sur son sein, la répudient, l'outragent et lui enfoncent chaque jour plus avant un fer meurtrier au cœur. « Levez-vous, Seigneur, prenez en main sa cause, et que tous ses ennemis se dispersent comme la fumée sous le vent du ciel (2). »

(1) *Exempla martyrum adhortationes sunt martyriorum.* (Serm. 47, *de Sanctis.*)

(2) *Exsurgat Deus et dissipentur inimici ejus.* (Ps. LXVII, 2.)

Envoyez-lui des apôtres, donnez-lui des martyrs. Le cloître en est plein, mais le monde en est vide. Continuez, mes Sœurs, dans la profondeur de votre solitude austère, et sous le regard de Dieu, vos immolations et vos sacrifices sur l'autel de votre cœur. Et vous, mes Frères, donnez enfin à votre mère l'Eglise, par votre esprit de foi et de prosélytisme, par vos renoncements et une vie chrétienne plus conforme au devoir, la joie de ne compter partout, à l'exemple de Thérèse, que des apôtres et des martyrs dans son sein !

Albi, Imp. Henri Amalric, 14, rue de l'Hôtel-de-Ville. — 1894

www.ingramcontent.com/pod-product-compliance
Lightning Source LLC
LaVergne TN
LVHW050326030726
842520LV00005B/1792